Music Theory Sample Paper 2020 Grade 4
Model Answers

1 Rhythm
/10

1.1 (a) $\frac{3}{4}$ (3)

(b) $\frac{4}{8}$

(c) $\frac{9}{4}$

1.2 (1)

1.3 (a) 2 (2)

(b) 1

1.4 (1)

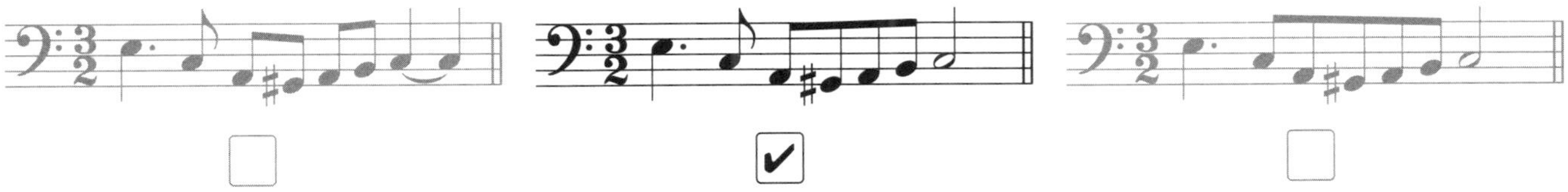

1.5 (3)

2 Pitch /10

2.1 (a) C sharp (4)

(b) E flat

(c) D double flat

(d) A double sharp

2.2 (2)

(a)  (b) 

2.3 (a) **FALSE** (2)

(b) **FALSE**

2.4 (2)

(a) 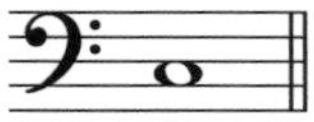

(b) 

3 Keys and Scales /15

3.1 (1)

3.2 (1)

3.3 (a) C♯ minor (3)

(b) E♭ major

(c) F minor

3.4 (a) **FALSE** (2)

(b) **TRUE**

3.5 X F𝄪 (2)

Y A♯

3.6 (2)

(a)

☐

☐

☑

(b)

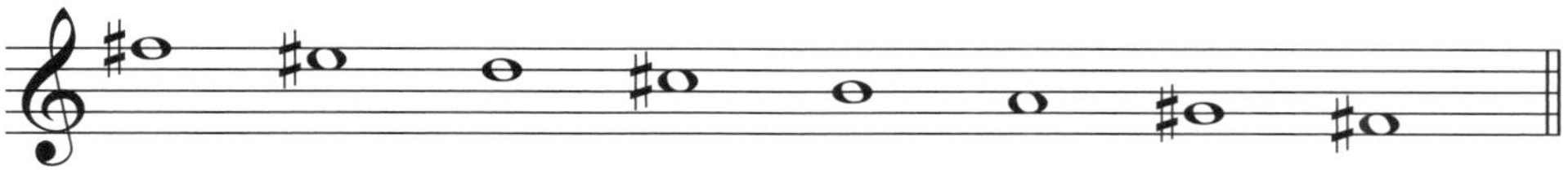
☑

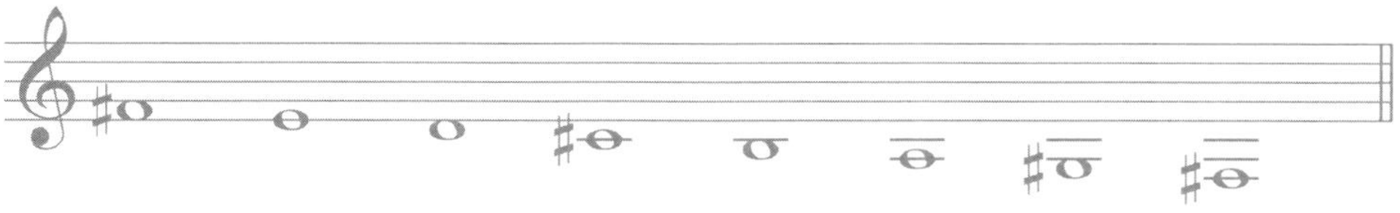
☐

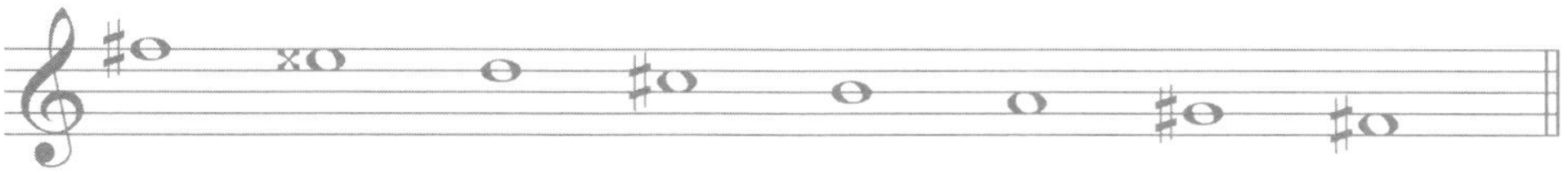
☐

3.7 (a) **FALSE** (4)

(b) **FALSE**

(c) **TRUE**

(d) **FALSE**

4 Intervals /10

4.1 (6)

(a) 

(b) 

(c) 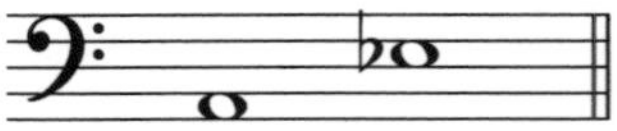

(d) 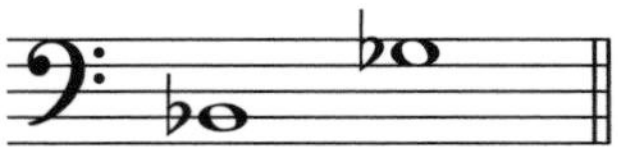

(e) 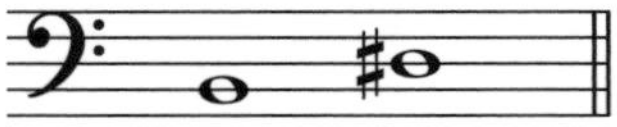

(f) 

4.2 (a) minor (4)

(b) major

(c) augmented

(d) augmented

5 Triads/Chords /10

5.1 (a) **FALSE** (4)

(b) **TRUE**

(c) **FALSE**

(d) **TRUE**

5.2 (a) V (b) V (c) IV (3)

5.3 V IV I (3)

6 Terms, Signs and Instruments /10

6.1 (3)

maestoso means:	*come prima* means:	**vite** means:
majestic	as before	quick

6.2 *dolce* (1)

6.3 appoggiatura (1)

6.4 (a) **TRUE** (5)

(b) **TRUE**

(c) **FALSE**

(d) **TRUE**

(e) **TRUE**

7 Music in Context /10

7.1 (a) 7 (5)

(b) 4

(c) 6

(d) 5

(e) 2

7.2 (a) **TRUE** (3)

(b) **FALSE**

(c) **TRUE**

7.3 (1)

7.4 (1)

Music Theory Sample Paper 2020 Grade 4 B
Model Answers

1 Rhythm ⁄10

1.1 (a) 6/8 (3)

(b) 4/2

(c) 9/16

1.2 (1)

1.3 (a) 4 (2)

(b) 1

1.4 (1)

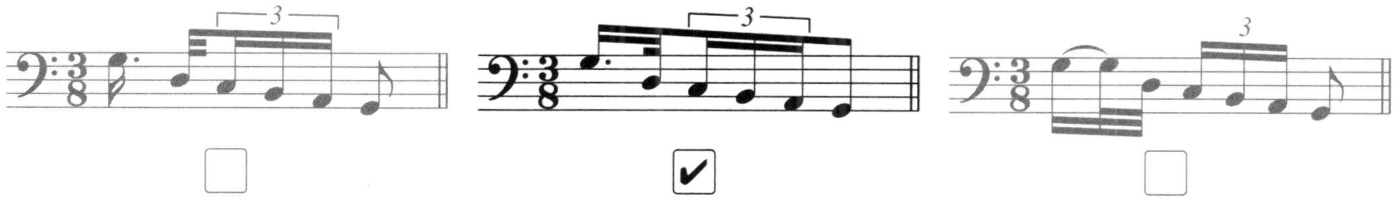

1.5 (3)

2 Pitch /10

2.1 (a) D sharp (4)

(b) E flat

(c) G double sharp

(d) A double flat

2.2 (2)

(a) 

(b) 

2.3 (a) **TRUE** (2)

(b) **FALSE**

2.4 (2)

(a) 

(b) 

3 Keys and Scales /15

3.1 (1)

3.2 (1)

3.3 (a) B major (3)

(b) C minor

(c) B♭ major

3.4 (a) **FALSE** (2)

(b) **FALSE**

3.5 **X** G♭ (2)

Y C

3.6 (2)

(a)

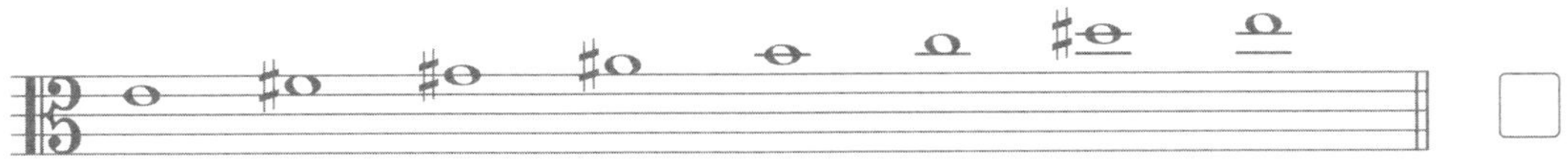

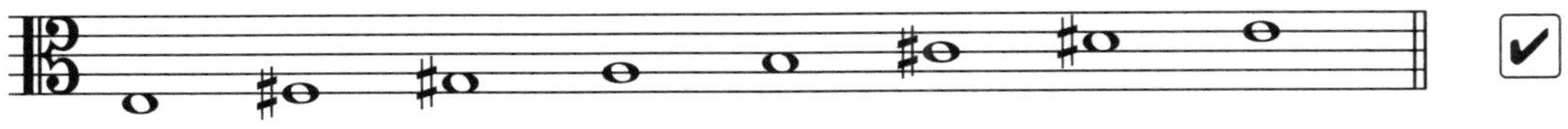

(b)

3.7 (a) **TRUE** (4)

(b) **FALSE**

(c) **TRUE**

(d) **TRUE**

4 Intervals /10

4.1 (6)

(a) 

(b) 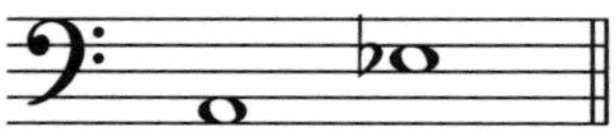

(c) 

(d) 

(e) 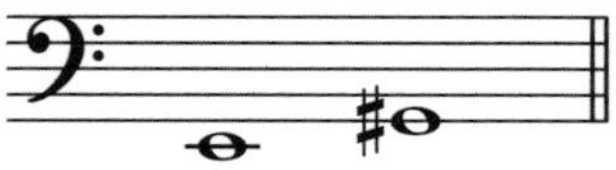

(f) 

4.2 (a) diminished (4)

(b) augmented

(c) minor

(d) major

5 Triads/Chords /10

5.1 (a) **FALSE** (4)

(b) **FALSE**

(c) **FALSE**

(d) **TRUE**

5.2 (a) I (b) V (c) V (3)

5.3 I IV I (3)

6 Terms, Signs and Instruments /10

6.1 (3)

lent means:	*affettuoso* means:	*semplice* means:
slow	tenderly	simple, plain

6.2 vivace (1)

6.3 grace notes (1)

6.4 (a) **FALSE** (5)

(b) **TRUE**

(c) **FALSE**

(d) **FALSE**

(e) **FALSE**

7 Music in Context /10

7.1 (a) 7 (5)

(b) 4

(c) 1

(d) 16

(e) 1

7.2 (a) **TRUE** (3)

(b) **FALSE**

(c) **TRUE**

7.3 (1)

☑

☐

☐

7.4 (1)

☑

☐

☐

Music Theory Sample Paper 2020 Grade 4 C
Model Answers

1 Rhythm ⁄10

1.1 (a) 9/4 (3)

(b) C

(c) 12/8

1.2 (1)

1.3 (a) 2 (2)

(b) 3

1.4 (1)

1.5 (3)

2 Pitch /10

2.1 (a) G double flat (4)

(b) D sharp

(c) F double sharp

(d) A flat

2.2 (2)

(a)  (b) 

2.3 (a) **TRUE** (2)

(b) **FALSE**

2.4 (2)

(a) 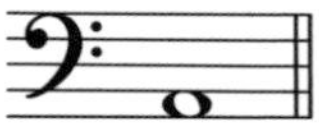

(b) 

3 Keys and Scales /15

3.1 (1)

3.2 (1)

3.3 (a) A major (3)

(b) G♯ minor

(c) C minor

3.4 (a) **FALSE** (2)

(b) **FALSE**

3.5 **X** A♭ (2)

Y G♭

3.6 (2)

(a)

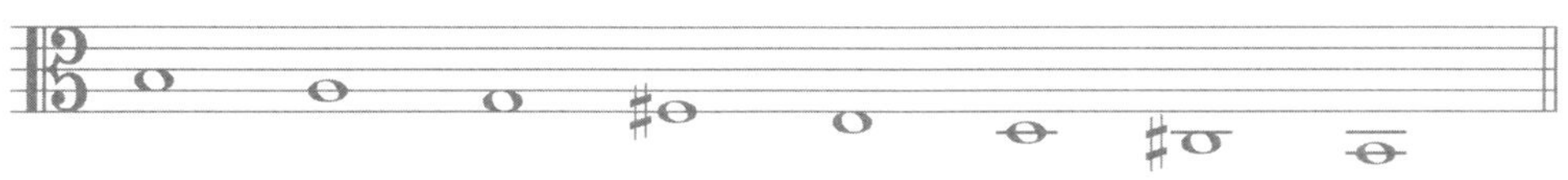

☐

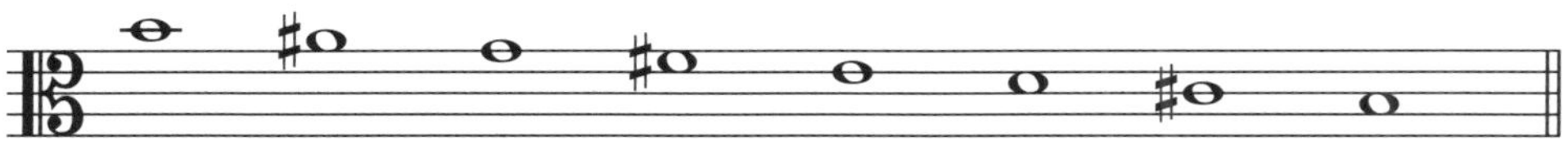

☑

☐

(b)

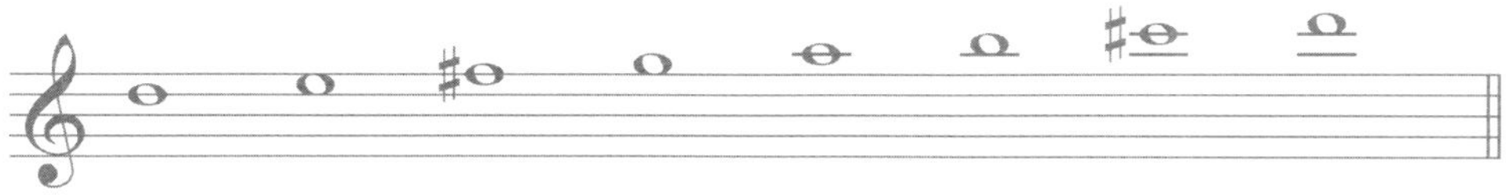

☐

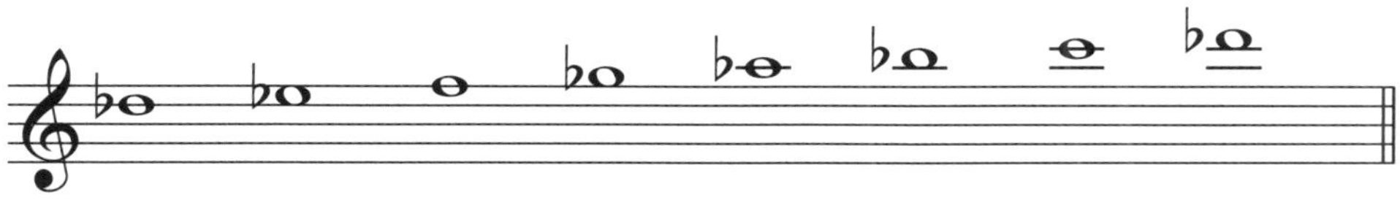

☑

☐

3.7 (a) **TRUE** (4)

(b) **TRUE**

(c) **TRUE**

(d) **FALSE**

4 Intervals /10

4.1 (6)

(a) 

(b) 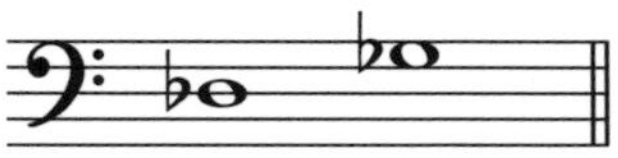

(c) 

(d) 

(e) 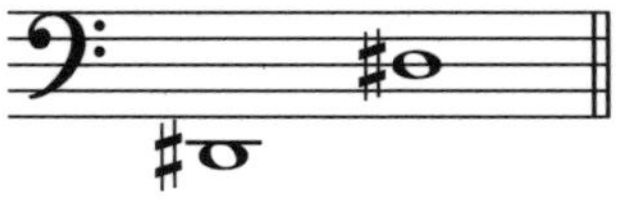

(f) 

4.2 (a) diminished (4)

(b) diminished

(c) major

(d) minor

5 Triads/Chords /10

5.1 (a) **FALSE** (4)

(b) **FALSE**

(c) **FALSE**

(d) **TRUE**

5.2 (a) IV (b) I (c) I (3)

5.3 [I] [IV] [V] (3)

6 Terms, Signs and Instruments /10

6.1 (3)

douce means:	**scherzando** means:	**con moto** means:
sweet	playful, joking	with movement

6.2 *accelerando* (1)

6.3 lower mordent (1)

6.4 (a) **TRUE** (5)

(b) **TRUE**

(c) **FALSE**

(d) **FALSE**

(e) **TRUE**

7 Music in Context /10

7.1 (a) 3 (5)

(b) 4

(c) 2

(d) 7

(e) 11

7.2 (a) **TRUE** (3)

(b) **FALSE**

(c) **TRUE**

7.3 (1)

7.4 (1)

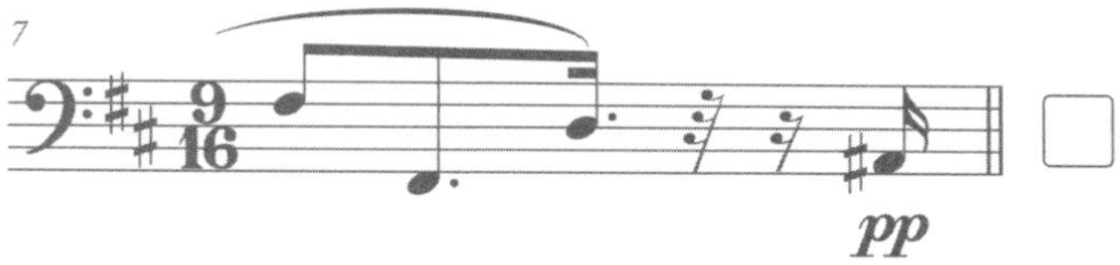

Music Theory Sample Paper 2020 Grade 4 D
Model Answers

1 Rhythm

/10

1.1 (a) 12/16 (3)

(b) 2/4

(c) 3/2

1.2 (1)

1.3 (a) 3 (2)

(b) 4

1.4 (1)

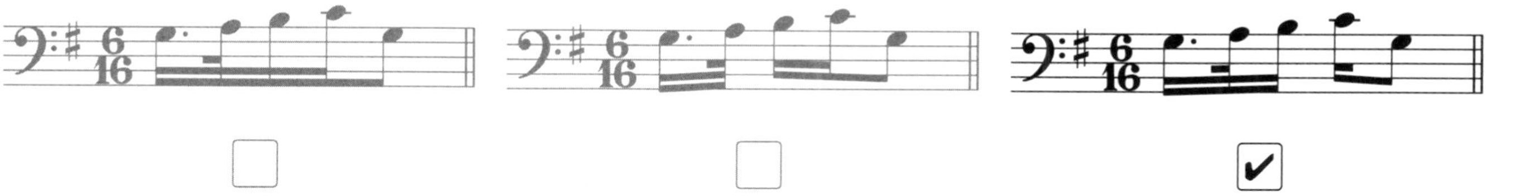

1.5 (3)

2 Pitch

/10

2.1 (a) C double sharp (4)

(b) E double flat

(c) D sharp

(d) A flat

2.2 (2)

(a) 

(b) 

2.3 (a) **TRUE** (2)

(b) **FALSE**

2.4 (2)

(a) 

(b) 

3 Keys and Scales

/15

3.1 (1)

3.2 (1)

3.3 (a) E minor (3)

(b) B♭ minor

(c) B major

3.4 (a) **TRUE** (2)

(b) **FALSE**

3.5 **X** B (2)

Y D♯

3.6 (2)

(a)

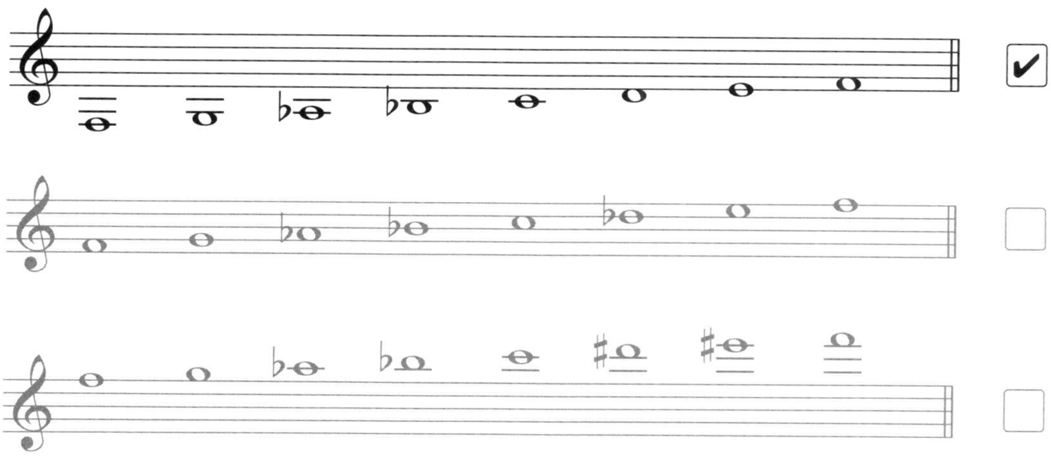

(b)

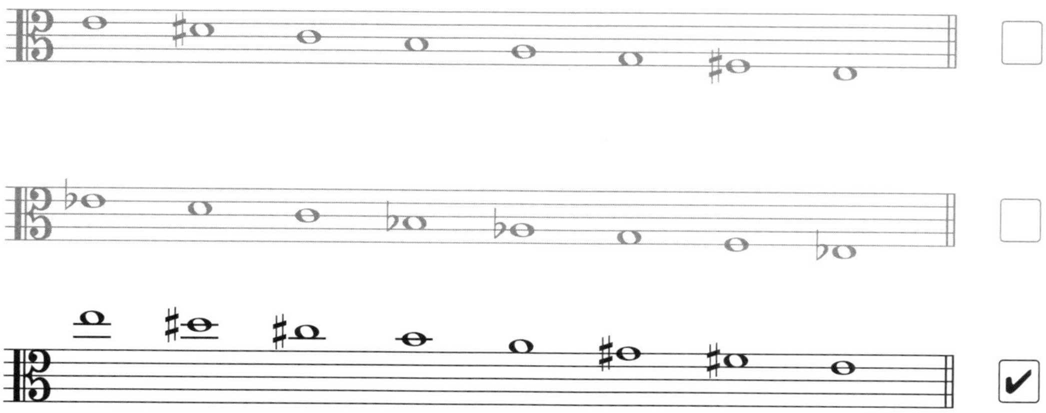

3.7 (a) **FALSE** (4)

(b) **TRUE**

(c) **TRUE**

(d) **FALSE**

4 Intervals /10

4.1 (6)

(a) 

(b) 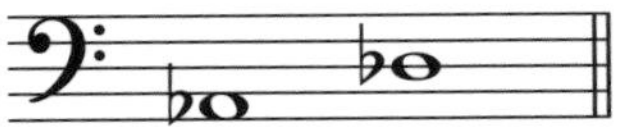

(c) 

(d) 

(e) 

(f) 

4.2 (a) perfect (4)

(b) major

(c) perfect

(d) major

5 Triads/Chords /10

5.1 (a) **TRUE** (4)

(b) **FALSE**

(c) **FALSE**

(d) **TRUE**

5.2 (a) V (b) V (c) I (3)

5.3 | I | | IV | | V | (3)

6 Terms, Signs and Instruments /10

6.1 (3)

alla breve means:	**meno mosso** means:	*deciso* means:
with a minim beat	less movement, slower	with determination

6.2 **adagio** (1)

6.3 upper turn (1)

6.4 (a) **FALSE** (5)

(b) **TRUE**

(c) **TRUE**

(d) **FALSE**

(e) **FALSE**

7 Music in Context /10

7.1 (a) 7 (5)

(b) 4

(c) 5

(d) 7

(e) 8

7.2 (a) **TRUE** (3)

(b) **TRUE**

(c) **TRUE**

7.3 (1)

7.4 (1)